Analyse de l'œuvre

Par Aurore Touya
et Florence Balthasar

La Couleur des sentiments

de Kathryn Stockett

Rendez-vous sur lepetitlitteraire.fr et découvrez :

Plus de 1200 analyses
Claires et synthétiques
Téléchargeables en 30 secondes
À imprimer chez soi

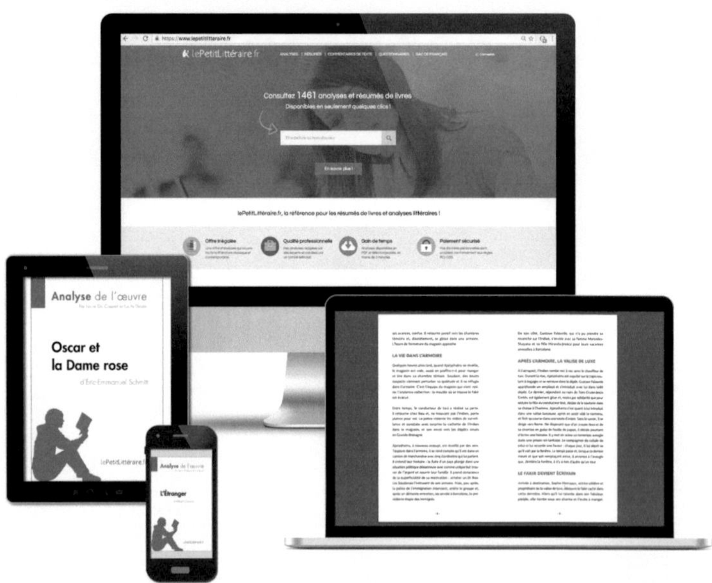

KATHRYN STOCKETT

ROMANCIÈRE AMÉRICAINE

- **Née en 1969 à Jackson (États-Unis)**
- **Son œuvre :**
  - *La Couleur des sentiments* (2009), roman

Kathryn Stockett est une écrivaine contemporaine. Elle est née dans une famille aisée à Jackson, dans l'État du Mississippi. Après avoir étudié la littérature et l'écriture à l'université d'Alabama, elle s'installe à New York où elle travaille en tant qu'éditrice pour un magazine pendant plusieurs années. Elle vit depuis 2001 à Atlanta, dans l'État de Géorgie.

Ayant grandi dans le Mississippi dans les années 1970, Kathryn a été directement confrontée à la question des rapports entre les Blancs et les Noirs aux États-Unis, et en particulier dans les États du Sud. Cette expérience personnelle lui a fourni une partie de l'inspiration qui a nourri son premier roman, *La Couleur des sentiments* (*The Help*, pour le titre d'origine en anglais).

LA COULEUR DES SENTIMENTS

UN ROMAN POLYPHONIQUE

- **Genre :** roman
- **Édition de référence :** *La Couleur des sentiments*, traduit de l'anglais par Pierre Girard, Paris, Actes Sud, coll. « Babel », 2013, 599 p.
- **1ʳᵉ édition :** 2009
- **Thématiques :** racisme, écriture, travail, témoignage, société américaine des années 1960

La Couleur des sentiments, traduit en français en 2010, est le premier roman de Kathryn Stockett. La romancière a travaillé pendant cinq années à sa rédaction et a essuyé des dizaines de refus avant que le manuscrit ne soit accepté par une maison d'édition. Cette difficulté à être publiée contraste avec le grand succès qu'a rencontré le livre après sa sortie, aux États-Unis comme à l'étranger.

L'œuvre met en présence, par sa structure polyphonique, les voix de trois femmes vivant à Jackson, dans le Mississippi, en 1962. Les deux premières, Aibileen et Minny, sont noires. La troisième, Skeeter, est blanche, et s'interroge sur le bienfondé de la société dans laquelle toutes trois vivent. Le projet de Skeeter de publier un livre de témoignages sur la vie des bonnes au service de familles blanches va, contre toute attente, rapprocher les trois femmes et questionner les fondements du mode de vie américain.

RÉSUMÉ

Le roman est découpé en 34 chapitres dont la narration est alternativement prise en charge par Aibileen, Minny et Miss Skeeter, à l'exception du chapitre XV, relaté par un narrateur externe. L'histoire se passe aux États-Unis durant les années 1960, période durant laquelle le racisme était très présent.

UN LIVRE POUR DÉNONCER

Aibileen est âgée de 53 ans et travaille chez les Leefolt en tant que domestique. Elle est très attachée à la petite Mae Mobley dont elle s'occupe, et que ses parents négligent.

Minny, la meilleure amie d'Aibileen, est également domestique. Malheureusement, elle a été renvoyée de chez sa patronne, Miss Walters, car elle a été accusée de vol par Hilly Holbrook, une femme profondément raciste. Celle-ci vient d'ailleurs de proposer l'installation de toilettes distinctes pour les Blancs et les Noirs. Consciente de l'injustice qu'elle a subie, Minny se venge d'une façon inavouable : elle offre à Hilly une tarte au chocolat confectionnée avec ses excréments.

Heureusement, elle retrouve rapidement du travail chez Celia Foote, qui l'embauche en secret pour ne pas passer pour une mauvaise femme au foyer aux yeux de son mari. Pour garder son poste, Minny doit donc se plier à une règle stricte : lorsque Johnny Foote, le mari de Celia, rentre plus tôt que prévu du travail, elle doit se cacher dans les toilettes.

Cependant, un jour, elle tombe sur lui : ils se mettent alors d'accord pour feindre d'ignorer la situation.

Miss Eugenia « Skeeter » Phelan, une jeune fille de bonne famille, retourne vivre chez ses parents après ses années d'études à l'université d'Ole Miss. Sa mère rêvant de la marier, elle lui annonce la visite prochaine de Stuart Whitworth qui, selon elle, est un bon parti. Skeeter le rencontre, mais elle n'a pas envie de se marier. Elle souhaite plutôt travailler dans une maison d'édition à New York. Sur les conseils d'Elaine Stein, une éditrice new-yorkaise, elle se fait embaucher au *Jackson Journal*, mais hérite d'une chronique ménagère peu enthousiasmante. Elle se sent loin des préoccupations de ses meilleures amies d'enfance, Hilly et Elizabeth, qui sont déjà mariées et ne songent qu'à fonder une famille.

Skeeter se demande par ailleurs quelle était la surprise que Constantine, la domestique qui l'a élevée, lui réservait et pourquoi elle a quitté la maison avant son retour de New York. Pour obtenir des réponses, elle interroge Aibileen qui lui fait comprendre que Constantine a été renvoyée à cause de sa fille, qui arborait une couleur de peau étonnamment claire. En vérité, Constantine a été renvoyée après que sa fille, blanche de peau, se soit comportée d'une façon jugée inacceptable chez les Phelan, ses employeurs et parents de Skeeter.

Peu à peu, Aibileen comprend que Skeeter a envie de « changer les choses » (p. 22) et en parle à Minny. Au même moment, on apprend que Robert, un jeune Noir, a été battu par deux Blancs pour avoir utilisé des toilettes sans y avoir été autorisé, ce qui choque profondément Skeeter. Ce crime se répète quelque temps plus tard, lorsque Medgar Evers, secrétaire de la section locale de l'association de défense des droits civiques des Noirs, est tué par des membres du Ku Klux Klan (société secrète américaine née en 1867 après la guerre de Sécession [1861-1865], et dont le but était de défendre la suprématie des Blancs, notamment en brutalisant les Noirs). La jeune femme décide alors d'écrire un livre sur le sort réservé aux Noirs et propose à Aibileen d'y collaborer. Mais celle-ci refuse, invoquant les risques qu'un tel projet représente pour elle.

Elaine Stein est intéressée par le projet de Skeeter, qui lui annonce qu'elle est certaine de pouvoir réunir des témoignages, ce qui est pourtant loin d'être vrai. Mais Aibileen rappelle Skeeter pour lui annoncer qu'elle accepte de témoigner et qu'elle va en parler à Minny : l'aventure du livre est lancée. Bien que Minny lui fasse prendre conscience du sérieux de la situation (« C'est pas un *jeu*, c'est tout », p. 231), cela ne l'arrête pas, et elle fait part de son projet à d'autres domestiques noires, qui acceptent d'y participer.

UN PROJET QUI RASSEMBLE

Skeeter se rend en secret chez Aibileen pour commencer l'entretien, mais sa méthode de questions-réponses, trop directe, fonctionne mal et met la bonne mal à l'aise. Elles ajournent donc la séance. Deux jours plus tard, elles réessaient : cette fois, Aibileen lit à Skeeter ce qu'elle a auparavant écrit. Elle demande également à la jeune femme d'emprunter des livres pour elle à la bibliothèque publique réservée aux Blancs. Skeeter en profite pour se renseigner à la bibliothèque sur les lois de Jim Crow.

Plus tard, Skeeter révèle à Aibileen qu'elle a oublié sa sacoche contenant les livres sur la condition des Noirs à la ligue où se réunissent les femmes blanches, et qu'Hilly l'a trouvée. Parallèlement, Hilly fait campagne pour installer des toilettes réservées aux domestiques, sous prétexte de mesures d'hygiène. Pour marquer son désaccord avec cette idée, Skeeter fait volontairement une erreur et le jardin des Holbrook se retrouve envahi de vieilles toilettes.

LES LOIS DE JIM CROW

Malgré l'abolition de l'esclavage en 1865, le combat des Noirs pour l'égalité aux États-Unis n'a pas pris fin. En réalité, il a réellement débuté à cette date.

En effet, dès l'abolition de l'esclavage, de nombreuses lois ont vu le jour, institutionnalisant la ségrégation raciale. Ces lois, connues sous le nom de « lois de Jim Crow », rassemblaient une série d'arrêtés qui distinguaient les citoyens selon leurs origines. Ainsi, dans la majorité du pays, les Blancs considéraient que la population noire des États-Unis était formée de citoyens de seconde zone, et qu'il fallait donc séparer ces deux groupes au sein de la vie quotidienne.

Il n'était notamment pas permis aux Noirs de fréquenter les mêmes lieux publics que les Blancs, par exemple les mêmes écoles. Les mariages interraciaux étaient prohibés, tout comme la fréquentation des hôpitaux des uns et des autres (l'administration des soins d'un Blanc était effectuée par un Blanc, et inversement).

Les lois de Jim Crow se sont insidieusement développées et ont fini par s'ancrer dans les mentalités pendant presque un siècle. Nul besoin d'enseigner ces principes aux enfants, ils semblaient s'appliquer d'eux-mêmes au sein de la société américaine.

De son côté, Skeeter s'interroge sur les raisons qui ont poussé Stuart à rompre avec son ex-fiancée, Patricia, et ses parents rencontrent officiellement les Whitworth. Elle finit par découvrir les raisons de leur séparation : Patricia l'a trompé avec un activiste en faveur des lois d'intégration des Noirs. Blessé, le jeune homme a définitivement rompu non seulement par fierté, mais aussi afin de protéger la réputation de son père, sénateur de la ville. Finalement, les fiançailles de Stuart et Skeeter n'ont pas lieu, car elle lui avoue que c'est elle qui a rédigé le livre dénonçant les injustices vécues par les domestiques noires.

Pendant ce temps, Hilly, qui organise la vente annuelle de charité, repousse l'aide de Celia. Cette dernière laisse échapper devant Hilly que Minny, recommandée par Elizabeth, travaille désormais pour elle, alors que Hilly déteste la bonne depuis l'histoire de la tarte au chocolat et avait bataillé pour qu'elle ne retrouve jamais du travail à Jackson.

Comme Minny vient travailler avec le visage contusionné, Celia comprend qu'elle est battue par son mari. Alors qu'elle essaye de la convaincre d'appeler un médecin, les deux femmes aperçoivent un exhibitionniste dans le jardin des Foote. Il les agresse, mais elles se défendent vaillamment et terrassent leur assaillant.

Par la suite, Celia se prépare pour la vente, où elle espère se réconcilier avec Hilly. Or, le jour de l'évènement, non seulement Celia se fait remarquer par sa tenue, une robe de sequins roses, fendue et décolletée, au milieu des chastes toilettes des membres de la Ligue ; mais en plus, soule, elle déchire la robe de Hilly en l'attrapant par la manche. Contre toute attente, Hilly gagne le premier prix de la vente, une tarte au chocolat préparée par Minny. Hilly pense alors que Celia connait l'histoire de la première tarte au chocolat, celle que Minny avait confectionnée avec ses excréments par vengeance, et l'accuse d'avoir participé en son nom pour se moquer d'elle.

Par la suite, Skeeter travaille d'arrachepied pour terminer son livre dans les temps. Elle décide d'y ajouter l'anecdote de la tarte de Hilly suivant le conseil de Minny. Cette dernière pense en effet que Hilly soutiendra coute que coute que le récit ne concerne pas la ville de Jackson, afin que personne ne puisse faire le lien entre elle et la tarte de Minny. Ce stratagème ferait ainsi de Hilly la meilleure protection de leur anonymat.

Le manuscrit est finalement accepté et sa publication plonge la ville de Jackson dans l'effervescence. Néanmoins, comme prévu, Hilly contribue malgré elle à la protection de Skeeter et des bonnes.

Par chance, Skeeter reçoit ensuite une offre de travail et décide de partir pour New York, où un magazine est prêt à l'embaucher.

De son côté, Minny quitte son mari, tandis qu'Aibileen est renvoyée de chez les Leefolt à la demande de Hilly. Malgré la tristesse de quitter Mae Mobley, elle se console en s'imaginant continuer à écrire.

ÉTUDE DES PERSONNAGES

AIBILEEN CLARK

Âgée de 53 ans, Aibileen Clark est un personnage très important, voire le plus important de l'histoire : non seulement elle est la première et la dernière des trois narratrices à prendre la parole, mais elle parvient aussi à convaincre les autres bonnes d'apporter leur témoignage à Skeeter, après avoir eu le courage d'être la première à se confier.

Elle inspire la confiance à ceux qui l'entourent par son attitude posée et réfléchie en toute circonstance, y compris lorsque son sentiment de révolte se manifeste.

Ainsi, au lieu de réagir vivement lorsque Hilly lui demande si elle voudrait vraiment aller dans une école de Blancs, elle commence d'abord par réfléchir (« Pourquoi il faudrait que je reste là et que j'approuve ? Et si Mae Mobley doit entendre, elle entendra quelque chose de bon sens », p. 260), pour ensuite répondre : « Pas dans une école avec seulement des Blancs. Mais dans une école où les Blancs et les Noirs sont ensemble. » (*ibid.*) D'ailleurs, Minny dit qu'elle « fai[t] de la philosophie » (p. 428). Aussi, à propos des limites entre Noirs et Blancs, Aibileen explique à sa meilleure amie qu'elle y croyait auparavant, mais plus maintenant. Elle dit :

> « On les a dans la tête, c'est tout. C'est des gens comme Miss Hilly qui passent leur temps à nous faire croire qu'elles existent. Mais c'est faux. [ ] Il y a des gens qui les ont tracées, il y a longtemps. [...] C'est des positions, rien de plus, comme sur un échiquier. » (p. 429)

Malgré le drame immense de sa vie (la mort accidentelle de son fils, Treelore), elle déborde toujours d'amour pour les bébés des Blancs dont elle s'occupe, « [en plus] de tout le boulot de la cuisine et du ménage » (p. 9). Ces petits, elle les élève et les aime comme s'ils étaient les siens : elle cherche à leur donner confiance en eux, d'autant plus lorsque leurs parents, comme les Leefolt, ne leur renvoient qu'une piètre image d'eux-mêmes.

Aibileen en a ainsi déjà « élevé dix-sept de ces petits, dans [sa] vie » (*ibid.*). Elle a changé de nombreuses fois de famille, car, une fois les enfants entrés à l'école, les choses changent... Ils commencent à penser comme les adultes blancs, ce qui est difficilement supportable pour elle. Cependant, avec Mae Mobley, elle a décidé d'agir différemment : elle lui raconte notamment des histoires secrètes, à l'instar de celle de Martin Luther King (pasteur américain, 1929-1968), et des histoires qu'elle invente.

Enfin, Aibileen est une sorte de contrepoint de Skeeter. Noire, tout aussi intelligente et consciente de l'injustice de la situation, elle est passionnée par les mots et l'écriture. Lorsqu'elle a dû quitter l'école pour aider sa mère, sa professeure, Miss Ross, lui a donné un conseil qu'elle suit à la lettre quotidiennement. Elle lui dit qu'elle « [est] la plus intelligente de [s]a classe, [...] si [elle] veu[t] le rester il n'y a qu'une façon : [elle] doi[t] lire *et écrire* tous les jours. » (p. 38) Depuis, Aibileen s'est mise « à écrire ses prières au lieu de les réciter » (p. 39).

MINNY JACKSON

Meilleure amie d'Aibileen, le tempérament sanguin et la verve de Minny la distinguent de cette dernière. Minny est une excellente cuisinière, « petite et grosse, avec des boucles brunes qui brillent » (p. 25), de 17 ans la cadette d'Aibileen. Minny ne peut garder le silence lorsqu'elle est en désaccord et n'hésite pas à se venger lorsqu'elle estime que cela est nécessaire, comme le montre l'épisode de la tarte réservée à Hilly.

Bien que très méfiante vis-à-vis des Blancs, elle finit par accepter de témoigner pour le livre de Skeeter. Au fur et mesure, elle s'attache même à sa nouvelle patronne, Miss Celia, un peu folle, mais tellement attachante. Ainsi, lorsque sa fille Sugar se moque de Miss Celia, Minny la reprend sans ménagement : « La ferme, Sugar ! [...] Que je t'entende plus jamais parler comme ça de la dame qui te met le manger dans la bouche et tes habits sur le dos ! » (p. 457)

Derrière son apparence de femme forte, c'est une épouse malheureuse et une mère de famille courageuse qui se révèle. Minny incarne le difficile destin des employées de Jackson et, plus largement, des femmes noires aux États-Unis, forcées de subir des humiliations au travail et d'assumer seules l'essentiel des responsabilités familiales.

EUGENIA « SKEETER » PHELAN

Skeeter est la seule des trois femmes du roman à être blanche. Bien qu'appartenant à la bonne société de Jackson, un certain nombre d'éléments la distingue des autres jeunes femmes de son milieu et lui permet d'adopter une position-clé. Bien plus libre d'esprit que ses amies Elizabeth et Hilly, qui sont restées prisonnières des conventions sociales, Skeeter aspire à s'émanciper et à exercer un métier qui l'intéresse plutôt qu'à faire un beau mariage et à élever des enfants. Elle se plie cependant au rituel des rendez-vous arrangés par ses amies. Elle rencontre d'ailleurs Stuart Whitworth duquel elle tombe amoureuse, prête à se marier.

Elle doit son surnom à ses longs bras et à ses jambes élancées, qui lui donnent une allure dégingandée (*skeeter* signifie « moustique » en argot américain) : le jour de sa naissance, elle était déjà « tout en jambes, maigre comme un moustique », et la « ressemblance n'a fait que s'accentuer au cours de [son] enfance, avec ce nez long et pointu comme un bec » (p. 84).

Âgée de 22 ans à son retour de l'université, et donc nettement plus jeune qu'Aibileen et Minny, elle est celle qui initie la quête, en ayant l'idée de réunir des témoignages de domestiques, ce qui donne lieu à des rencontres secrètes. Dans la société qui est représentée dans le roman, Skeeter incarne l'une des rares consciences percevant la ségrégation comme une situation injuste, qui ne va pas de soi et qui pourrait être modifiée.

Skeeter est de plus caractérisée par son ambition d'écriture, qui se heurte à la pression familiale lui intimant avant tout un beau mariage. Cela fait de son personnage une figure d'auteur : le projet de recueillir les témoignages est d'abord une façon de persuader Elaine Stein, l'éditrice new-yorkaise, de ses compétences professionnelles.

En cela, le roman semble construire une mise en abyme (procédé qui consiste à insérer une œuvre d'art dans une autre) : et si le livre compilé par Skeeter était celui que le lecteur a sous les yeux ? D'ailleurs, le livre de Skeeter porte dans l'édition originale le même titre que le roman (*The Help*), ses personnages sont les mêmes, et il est lui aussi écrit par plusieurs plumes. Dès lors, le personnage de Skeeter pourrait être considéré comme le reflet de la véritable auteure du roman.

CHARLOTTE PHELAN

Charlotte Phelan représente les dernières générations de propriétaires terriens blancs du Sud des États-Unis qui emploient de nombreux Noirs, descendants d'esclaves, pour les besoins de leurs plantations. Le traitement qu'elle a réservé à Constantine et à sa fille souligne la différence qu'elle établit entre les Blancs et les Noirs.

Sans être volontairement malveillante, elle se montre incapable de prendre conscience des carcans injustes imposés par la société dans laquelle elle a toujours vécu. La maladie qui la ronge pourrait symboliser l'effondrement des valeurs d'une société dépassée, pour qui l'apparence et un bon mariage valent mieux que l'indépendance et la libre pensée.

HILLY HOLBROOK

Hilly incarne l'égoïsme et le racisme primaires, derrière des airs de parfaite épouse et de citoyenne bienfaisante. Très autoritaire, elle a besoin d'être écoutée et admirée.

Elle inspire la peur autant à ses « amies » qu'aux bonnes, car sa vengeance est toujours implacable. Elle ne souhaite pour rien au monde voir changer la société qui l'a placée du bon côté en la faisant naitre dans une famille blanche bourgeoise.

Pourtant, l'amour qu'elle porte a ses enfants n'en demeure pas moins réel, sincère et fort. Aibeleen le reconnait elle-même : « Je dois dire une chose de Miss Hilly, c'est qu'elle adore ses enfants. Elle embrasse Will [...] toutes les cinq minutes. Elle [...] dit tout le temps [à Heather] qu'elle est la plus belle petite fille du monde. » (p. 258)

STUART WHITWORTH

Parfait prétendant en apparence, Stuart est le fils d'un homme puissant. S'il déplait tout d'abord fortement à Skeeter, leur relation évolue et les conduit jusqu'aux fiançailles. Or Stuart incarne en définitive ce contre quoi se bat Skeeter en silence : l'hypocrisie de ceux qui ont le pouvoir et veulent le conserver. Cette relation, qui se conclut par un échec, permet à Skeeter de clarifier sa position et de faire des choix de vie radicaux qui la mènent à New York, où elle va chercher son indépendance, aussi bien professionnelle qu'intellectuelle.

CELIA FOOTE

Caractérisée par sa naïveté et son ignorance des conventions de la bonne société de Jackson, Celia embauche Minny en secret pour ne pas avoir à révéler à son mari son manque de connaissances domestiques. Son absence de préjugés et sa solitude la conduisent à tisser des liens d'amitié avec sa domestique, qui l'affectionne autant qu'elle s'en méfie. Celia joue également le rôle de bouc émissaire de la société féminine blanche incarnée par Hilly : jalousée pour son mariage, méprisée en raison de son origine rurale, elle essuie moqueries et humiliations jusqu'à finir par se venger.

CONSTANTINE

Constantine est à l'initiative de la quête de Skeeter, malgré elle : c'est en raison de sa disparition que Skeeter décide d'interroger Aibileen et Minny sur le sort des domestiques noires. Elle incarne la figure de la gouvernante qui remplace à certains égards la mère.

CLÉS DE LECTURE

UN ROMAN POLYPHONIQUE

La Couleur des sentiments est un roman dont la structure peut être qualifiée de polyphonique : chaque chapitre est consacré à la voix d'un personnage qui relate, de son point de vue, un épisode précis de l'histoire. C'est l'alternance de ces voix qui construit le récit et fait peu à peu progresser l'intrigue.

Une peinture détaillée et minutieuse de la situation

La structure polyphonique du roman permet au lecteur de suivre l'évolution de l'intrigue au cœur des évènements. Les protagonistes n'ont en effet pas toutes les informations pour brosser un portrait complet de la situation. En s'interrompant pour laisser place à une autre narratrice, chaque voix crée en outre un effet de suspense : pour un moment, une partie de l'histoire est laissée de côté et une autre prend temporairement le dessus. Pourtant, mis bout à bout, les témoignages forment un tout que le lecteur peut recomposer, comme il réunirait les pièces d'un puzzle. Ce procédé lui permet d'appréhender toutes les nuances de l'intrigue :

- **les sensibilités différentes**. Grâce aux trois perspectives, le lecteur multiplie les points de vue et découvre les préoccupations profondes de trois femmes qui prennent de gros risques pour changer les choses. Cette focalisation multiple plonge ainsi le lecteur dans le quotidien de ces trois femmes, qui certes prennent des risques ensemble, mais ont chacune une vie à mener de leur côté, tant professionnellement que personnellement. Toutes trois se soucient ainsi de leur futur, de surcroit lorsque l'aventure d'écriture commence. Fraichement diplômée, Skeeter cherche sa place dans une société dans laquelle elle ne se sent pas bien, dans laquelle les femmes semblent vouées à une seule et unique ambition : trouver un mari et avoir des enfants. Skeeter est donc en proie à une lutte entre ses aspirations personnelles et les carcans de la société blanche dans laquelle elle a grandi et elle évolue. Minny est quant à elle une mère de famille nombreuse, au caractère fort, mais affublée d'un mari fainéant et violent. Entre sa famille et son travail, Minny a peu de temps pour s'occuper d'elle. Elle peut heureusement compter sur sa meilleure amie, Aibileen. Cette dernière vit seule depuis la mort de son fils, mais travaille chez les Leefolt, où elle s'occupe de May Mobley, l'enfant de la famille à laquelle elle se dévoue entièrement. De l'amour, Aibileen en a à revendre : elle s'inquiète autant pour cette petite fille que pour Minny et ses amies. Chacune mène donc une vie sur deux fronts, entre l'écriture secrète du livre et son quotidien chargé. L'alternance des points de vue permet ainsi au lecteur de comprendre la situation dans toute sa complexité ;

- **une parole qui circule**. En outre, la construction polyphonique du roman permet d'entrelacer les voix : les trois intervenantes sont entendues les unes après les autres. Elles semblent aussi se céder la parole en permanence dans une sorte de relai narratif. Dans une société volontairement clivante, cet échange continu offre une approche inespérée au lecteur : il peut suivre le flux des pensées et paroles des trois narratrices. La circulation de la pensée et la rencontre des perspectives sont dès lors possibles. L'écriture du roman au sein de *La Couleur des sentiments* est une mise en abyme éloquente : elle offre la possibilité à trois femmes, d'origines sociales et de couleurs différentes, d'échanger. Ainsi, tant l'organisation du roman que l'histoire elle-même permettent de mettre en échec la volonté ségrégationniste ;

- **une complicité qui augmente au fil des chapitres**. L'alternance des points de vue des trois femmes offre au lecteur le privilège d'assister à la naissance d'une relation complice entre Aibileen, Skeeter et Minny. Alors qu'au début du roman, les témoignages sont plutôt axés sur la vie de chacune, au fil des chapitres, les trois narratrices racontent leurs rencontres et leurs inquiétudes les unes pour les autres. Pas à pas, le lecteur apprend de la bouche d'Aibileen qu'elle et Skeeter échangent « [d]es petites choses, mais que d'habitude [elle] dirai[t] pas à un Blanc » (p. 139). Il découvre ensuite qu'Aibileen, Minny et Skeeter sont préoccupées par les risques qu'elles prennent, non pas pour leur propre sécurité, mais pour celle des autres. Ainsi, Skeeter se sent responsable et se fait du souci en sachant que les bonnes « tremblent, elles regardent vers la porte toutes les cinq minutes, [elles] ont peur qu'on ne les frappe comme on a frappé le petit-fils de Louvenia, ou qu'on ne les abatte devant chez elles comme on a abattu Medgar Evers » (p. 385). La fin du roman nous indique clairement que ces trois femmes, ainsi que les autres bonnes ayant témoigné, partagent un lien solide et particulier. Aibileen confie d'ailleurs : « Maintenant, j'ai l'impression qu'on est de la même famille. » (p. 587)

Il semble également que les chapitres et les prises de parole respectives s'entremêlent de plus en plus au fil de l'évolution de cette relation forte.

Ce choix narratif explique en partie le succès du roman et son plébiscite par le grand public. Le lecteur prend part intégrante à la narration : il suit l'histoire et la compose lui-même, telle qu'elle est contée par les trois narratrices, lui offrant une peinture complète, détaillée et minutieuse de la situation.

Des registres de langue différents

Outre l'alternance des voix, chaque chapitre présente l'histoire de trois façons différentes, selon les trois points de vue mentionnés ci-dessus. Le style de chacune des narratrices est clairement identifiable. Skeeter, qui a étudié à l'université, s'exprime de façon soutenue, tandis que la langue d'Aibileen est plus simple (« Il allait écrire un livre, il disait », p. 123). Cette différence est davantage perceptible à la lecture du roman. Elle se remarque également lorsque les deux femmes discutent :

> « – Merci, Aibileen. Vous ne pouvez pas savoir combien vous me rendez service.
> – Il y a pas de problème. Du moment que Miss Leefolt a pas besoin de moi. » (p. 116)

Le langage de Minny est, quant à lui, marqué d'expressions familières. Elle en est d'ailleurs tout à fait consciente et doit souvent prendre sur elle : « J'ai peur de mal lui parler, et j'en ai marre de lui parler et de faire croire que c'est quelqu'un d'autre. Ma cuisine, à part mes gosses, c'est la seule chose dont je suis fière. » (p. 178)

Ce fait souligne le travail sur l'idiosyncrasie qui a été effectué dans ce roman, c'est-à-dire la manière particulière et singulière qu'a chaque personnage d'utiliser les mots de la langue : les trois femmes parlent différemment, en fonction de leur appartenance sociale. Cette différenciation donne une teinte plus crédible au récit, plus réaliste, qui semble plonger le lecteur au cœur du Mississippi des années 1960.

UN MÉLANGE DE REGISTRES

La peinture de cette société violente et injuste, où les rapports de domination s'appuient sur des principes racistes, est néanmoins allégée par le traitement comique de certains épisodes, qui permettent de distraire le lectorat sans minorer la gravité du sujet. On pense notamment à l'invraisemblable farce jouée par Minny pour se venger de Hilly : l'aliment de substitution utilisé dans la tarte renoue avec un imaginaire enfantin, où la vengeance permet de réaliser l'impensable et de faire manger à son ennemi ses excréments, prenant au pied de la lettre une insulte.

À cet épisode, qui place le geste de Minny dans un héritage rabelaisien grivois et irrévérencieux (Rabelais est un écrivain français, 1494-1553), s'ajoute celui des toilettes déposées malencontreusement devant la très respectable demeure des Holbrook : le même symbole de l'intime est utilisé et placé sur la scène publique, créant un comique de situation fondé sur le décalage entre l'image sociale parfaite que travaille à construire Hilly et le plus trivial des meubles.

Avec ces épisodes comiques, la romancière crée une soupape dans le récit et allège ponctuellement la tension : alors que les trois femmes prennent de véritables risques en se réunissant pour écrire le livre, il est également possible de rire de certaines cocasseries générées par cette société inéquitable.

UNE PEINTURE DE LA SOCIÉTÉ DES ANNÉES 1960 DANS LE SUD DES ÉTATS-UNIS

Un roman historique

Écrit à partir des années 2000, *La Couleur des sentiments* s'intéresse à une période somme toute récente de l'histoire des États-Unis, mais peu traitée en littérature. L'intrigue se situe en effet dans le Mississippi, en 1962 : malgré l'interdiction de la ségrégation raciale au milieu des années 1940, la société du Sud des États-Unis est clivée. En donnant la parole à trois femmes qui occupent des positions différentes dans cette société, Stockett fait de *La Couleur des sentiments* un roman historique : les mœurs et les habitudes de cette société et de cette époque sont passées en revue et évoquées avec réalisme.

LE ROMAN HISTORIQUE

Selon *Le dictionnaire du littéraire*, « le roman historique forme un sous-genre du roman où des personnages et des événements historiques non seulement sont mêlés à la fiction mais jouent un rôle essentiel dans le déroulement du récit » (VANDERPELEN C., « Roman historique », in *Le dictionnaire du littéraire*, Aron P., Saint-Jacques D. et Viala A. (dir.), Paris, Presses universitaires de France, 2002, p. 530-531).

Le décor des romans historiques se plante ainsi dans un cadre historique défini, dans lequel s'insèrent les lieux, les mœurs et les croyances de l'époque. Afin d'ancrer au mieux le récit au sein de l'époque choisie, les auteurs ont souvent recours à l'insertion des personnages historiques réels, qui peuvent faire partie intégrante de l'intrigue ou simplement être des personnages secondaires en toile de fond.

Alors que le roman historique se veut être un témoignage véridique du passé, il est souvent écrit par des auteurs non contemporains des faits. C'est donc « un regard d'aujourd'hui porté sur hier » (« Roman historique », in *larousse.fr*). Ce double rapport à l'histoire fait tout l'intérêt du roman historique.

Mentionnons par exemple l'éducation des enfants et le sort des femmes : avec la situation de Mae Mobley est évoqué le désintéressement de l'épouse pour ses propres enfants, bien qu'elle soit dans l'obligation d'en avoir afin de satisfaire aux attentes sociales. Dans la même veine, l'insistance de la mère de Skeeter sur l'importance de correspondre aux attentes sociales et d'apparaitre comme une douce et discrète jeune femme, afin de trouver un mari et de fonder une famille respectable, révèle la pression qui s'exerce sur les femmes de la bourgeoisie.

La culture sud-américaine est quant à elle donnée à voir notamment par les descriptions des habitudes alimentaires (comme « du poulet en gelée surmonté d'une bonne quantité de mayonnaise », p. 370 ; ou la purée de maïs qui est « un support [...] pour tout ce qui se mange », p. 391) et des plats traditionnels préparés par les domestiques, et dont Minny tente non sans mal de transmettre les recettes à Celia Foote.

Des aspects plus graves de cette société sont également pris en compte : la volonté de diviser l'espace social jusque dans ses moindres détails est illustrée par l'insistance de Hilly au sujet des toilettes réservées aux Blancs ou aux Noirs. Le livre que Skeeter trouve à l'occasion de ses recherches correspond à un recueil des lois Jim Crow pour le Sud, une « liste de lois fixant ce que les Noirs peuvent faire et ne pas faire dans une série d'États du Sud » (p. 241-242). Il énumère les interdictions de mixité et rappelle les différentes modalités d'une séparation des citoyens selon leur couleur de peau.

Ces lois entrainent des réactions disproportionnées et violentes vis-à-vis de la population noire : le moindre écart de conduite – qu'il soit avéré ou non – est lourdement sanctionné. Miss Hilly est notamment à l'initiative dès qu'il s'agit de punir le comportement d'une bonne, que ça soit contre Minny, en faisant renvoyer son mari, ou contre Yule May, condamnée à quatre ans de prison alors que « pour un petit vol comme celui-là, la peine est d'habitude de six mois » (p. 344).

Les agressions, meurtres et autres violences policières sont également monnaie courante dans cette société. Ainsi, face

à une manifestation pacifique noire, « la police s'est conten-
tée de lâcher ses bergers allemands » (p. 216) sur la foule.
Quand ce n'est pas la police ou un Blanc, le Ku Klux Klan est
également derrière un meurtre.

Le Ku Klux Klan

Le Ku Klux Klan est une société secrète américaine née
après la guerre de Sécession. Cette dernière a opposé
une confédération d'États du Sud, dont la majorité est
blanche et esclavagiste, aux États du Nord, résolument
antiesclavagistes. Les sudistes connaissent la défaite
alors que les nordistes abolissent l'esclavage.

Avant de s'organiser, le KKK marche dans les pas de
quelques jeunes gens déguisés dont le passetemps est
de faire peur aux Noirs qui venaient d'être émancipés.
Ce n'est qu'en 1867 que le mouvement se structure
en toute clandestinité autour d'une idée commune :
la défense de la suprématie blanche. Le KKK prend
de l'ampleur dans les États du Sud : il devient de
plus en plus virulent. Les membres de l'organisation
pillent, intimident, lynchent, mutilent voire tuent
indifféremment les Noirs ainsi que leurs alliés blancs.
Encapuchonnés et vêtus de robes blanches, ils ne
connaissent plus de limites grâce à l'anonymat que ce
vêtement leur confère.

Au fur et à mesure, le mouvement s'essouffle et les
autorités votent des lois contre le Ku Klux Klan. Même
s'il connait un second souffle de 1915 à 1926 avec de
nouveaux objectifs plus larges (comme le racisme, la

xénophobie, l'antisémitisme, le puritanisme et l'ultra-nationalisme), puis une nouvelle recrudescence dans les années 1960, le mouvement décline après 1966 pour ne plus être qu'un groupuscule d'extrême droite au spectre limité.

Ainsi, tant du point de vue du contexte politique que des conventions sociales, le roman construit une peinture de cette société à la fois lointaine et proche, et dont les États-Unis d'aujourd'hui ont hérité.

Un roman engagé

Situer son roman en 1962 n'est pas un choix anodin de la part de Kathryn Stockett. Cette année est un moment charnière de l'histoire contemporaine américaine : une page est en effet sur le point d'être tournée. L'année suivante, le 28 aout 1963, Martin Luther King énoncera son célèbre discours *I have a dream* lors de la Marche vers Washington pour le travail et la liberté. Ensuite, en juillet 1964, les *Civil Rights Act* sont adoptés : cet ensemble de lois rend illégale toute discrimination fondée sur la couleur de peau, le sexe ou l'origine sociale d'un individu.

Un autre évènement avait également enclenché la marche avant de la communauté noire américaine : l'acte de Rosa Parks (1913-2005) quelques années auparavant (en 1955). Cette dernière, fatiguée après une longue journée de travail, a refusé de céder sa place à un Blanc dans un bus. Ce refus lui a valu un emprisonnement qui, comme le confia Jesse Jackson (pasteur et militant pour les droits civiques des

Noirs américains, né en 1941), a « paradoxalement [ouvert] les portes de [la] longue marche ver la liberté [des Noirs américains] » (« Rosa Parks, la femme qui s'est tenue debout en restant assise », in *humanité.fr*).

Ainsi, l'acte militant des trois narratrices de *La Couleur des sentiments* se place dans la lignée de ces grands personnages. L'union de ces trois femmes, noires et blanche, dans un but commun, préfigure les changements cruciaux que va connaitre la société américaine. À une échelle certes plus modeste, cette association de femmes rejoint les actes posés par d'illustres figures comme Rosa Parks ou Martin Luther King, qui ont profondément modifié la société aux États-Unis.

Leur histoire sonne d'autant plus vrai que l'auteure a elle-même été élevée par une bonne noire dans le Sud des États-Unis, appelée Demetrie. Kathryn Stockett confie d'ailleurs dans une postface intitulée « Trop peu, trop tard » un témoignage touchant à propos de sa relation avec Demetrie, mais aussi des injustices dont elle n'a pris conscience qu'en grandissant. Elle regrette de ne pas avoir demandé à Demetrie « ce qu'on ressentait quand on était une Noire travaillant pour une famille de Blancs dans le Mississippi » (p. 609). Après avoir passé des années « à imaginer ce qu'aurait été sa réponse » (*ibid.*), elle a décidé d'écrire ce livre engagé pour les droits civiques des Noirs américains.

Enfin, grâce à son engagement, à sa structure polyphonique, à sa peinture de la société américaine et à ses personnages attachants, *La Couleur des sentiments* a rencontré un succès non démenti tant en Europe qu'outre-Atlantique. Le roman s'est d'ailleurs imposé comme un phénomène culturel aux États-Unis en restant plus de six semaines en tête du classement des meilleures ventes réalisé par le *New York Times*, mais aussi en ayant rapidement été adapté au cinéma en 2011.

PISTES DE RÉFLEXION

QUELQUES QUESTIONS POUR APPROFONDIR SA RÉFLEXION...

- Qu'apporte la structure polyphonique du roman ?
- Quelle image de la communauté noire est donnée dans le roman ?
- Quelle image des femmes est donnée dans le roman ?
- Comment décririez-vous la société américaine représentée dans le roman ? Utilisez l'exemple du Mississippi et celui de New York.
- Dans le roman, trouvez quelques exemples concrets de mises en application des lois de Jim Crow.
- Pourquoi peut-on dire que le personnage de Skeeter est une figure d'écrivain ?
- Que représente le personnage de Celia Foote dans le roman ?
- Selon vous, quelles peuvent être les raisons du succès qu'a rencontré *La Couleur des sentiments* dès sa publication, aux États-Unis comme en France ?
- Comparez la vision de la société américaine, et en particulier la question des liens entre les Noirs et les Blancs, dans *La Couleur des sentiments* et *Ne tirez pas sur l'oiseau moqueur* (1961) d'Harper Lee (romancière américaine, 1926-2016).
- Quelles sont les différences entre le roman et son adaptation cinématographique, notamment en ce qui concerne la structure de la narration ? Quelles sont les conséquences de ces différences sur le film ?

Votre avis nous intéresse !
Laissez un commentaire sur le site de votre librairie en ligne
et partagez vos coups de cœur sur les réseaux sociaux !

POUR ALLER PLUS LOIN

ÉDITION DE RÉFÉRENCE

- Stockett K., *La Couleur des sentiments*, traduit de l'anglais par Pierre Girard, Paris, Actes Sud, coll. « Babel », 2013.

ÉTUDE DE RÉFÉRENCE

- Carmarans C., « Lois de Jim Crow, Ku Klux Klan : la face obscure de l'Amérique », in *rfi.fr*, consulté le 25 mars 2017. http://www.rfi.fr/ameriques/20130826-usa-etats-unis-segregation-noirs-racisme-martin-luther-king-lois-jim-crow-ku-klux-klan-face-obscure-amerique
- Deroubaix C., « Rosa Parks, la femme qui s'est tenue debout en restant assise », in *humanité.fr*, consulté le 29 juin 2017. http://www.humanite.fr/rosa-parks-la-femme-qui-sest-tenue-debout-en-restant-assise
- « Ku Klux Klan », in *larousse.fr*, consulté le 28 juin 2017. http://www.larousse.fr/encyclopedie/divers/Ku_Klux_Klan/128145
- « Roman historique », in *larousse.fr*, consulté le 29 juin 2017. http://www.larousse.fr/encyclopedie/litterature/roman_historique/176585
- Vanderpelen C., « Roman historique », in *Le dictionnaire du littéraire*, Aron P., Saint-Jacques D. et Viala A. (dir.), Paris, Presses universitaires de France, 2002.

ADAPTATION

- *La Couleur des sentiments*, film de Tate Taylor, avec Emma

Stone, Vida Davis, Octavia Spencer et Bryce Dallas Howard, États-Unis, 2011.

Retrouvez notre offre complète sur lePetitLittéraire.fr

- des fiches de lectures
- des commentaires littéraires
- des questionnaires de lecture
- des résumés

ANOUILH
- Antigone

AUSTEN
- Orgueil et Préjugés

BALZAC
- Eugénie Grandet
- Le Père Goriot
- Illusions perdues

BARJAVEL
- La Nuit des temps

BEAUMARCHAIS
- Le Mariage de Figaro

BECKETT
- En attendant Godot

BRETON
- Nadja

CAMUS
- La Peste
- Les Justes
- L'Étranger

CARRÈRE
- Limonov

CÉLINE
- Voyage au bout de la nuit

CERVANTÈS
- Don Quichotte de la Manche

CHATEAUBRIAND
- Mémoires d'outre-tombe

CHODERLOS DE LACLOS
- Les Liaisons dangereuses

CHRÉTIEN DE TROYES
- Yvain ou le Chevalier au lion

CHRISTIE
- Dix Petits Nègres

CLAUDEL
- La Petite Fille de Monsieur Linh
- Le Rapport de Brodeck

COELHO
- L'Alchimiste

CONAN DOYLE
- Le Chien des Baskerville

DAI SIJIE
- Balzac et la Petite Tailleuse chinoise

DE GAULLE
- Mémoires de guerre III. Le Salut. 1944-1946

DE VIGAN
- No et moi

DICKER
- La Vérité sur l'affaire Harry Quebert

DIDEROT
- Supplément au Voyage de Bougainville

DUMAS
- Les Trois Mousquetaires

ÉNARD
- Parlez-leur de batailles, de rois et d'éléphants

FERRARI
- Le Sermon sur la chute de Rome

FLAUBERT
- Madame Bovary

FRANK
- Journal d'Anne Frank

FRED VARGAS
- Pars vite et reviens tard

GARY
- La Vie devant soi

GAUDÉ
- La Mort du roi Tsongor
- Le Soleil des Scorta

GAUTIER
- La Morte amoureuse
- Le Capitaine Fracasse

GAVALDA
- 35 kilos d'espoir

GIDE
- Les Faux-Monnayeurs

GIONO
- Le Grand Troupeau
- Le Hussard sur le toit

GIRAUDOUX
- La guerre de Troie n'aura pas lieu

GOLDING
- Sa Majesté des Mouches

GRIMBERT
- Un secret

HEMINGWAY
- Le Vieil Homme et la Mer

HESSEL
- Indignez-vous !

HOMÈRE
- L'Odyssée

HUGO
- Le Dernier Jour d'un condamné
- Les Misérables
- Notre-Dame de Paris

HUXLEY
- Le Meilleur des mondes

IONESCO
- Rhinocéros
- La Cantatrice chauve

JARY
- Ubu roi

JENNI
- L'Art français de la guerre

JOFFO
- Un sac de billes

KAFKA
- La Métamorphose

KEROUAC
- Sur la route

KESSEL
- Le Lion

LARSSON
- Millenium I. Les hommes qui n'aimaient pas les femmes

LE CLÉZIO
- Mondo

LEVI
- Si c'est un homme

LEVY
- Et si c'était vrai…

MAALOUF
- Léon l'Africain

MALRAUX
• La Condition
  humaine

MARIVAUX
• La Double
  Inconstance
• Le Jeu de l'amour
  et du hasard

MARTINEZ
• Du domaine
  des murmures

MAUPASSANT
• Boule de suif
• Le Horla
• Une vie

MAURIAC
• Le Nœud
  de vipères

MAURIAC
• Le Sagouin

MÉRIMÉE
• Tamango
• Colomba

MERLE
• La mort est
  mon métier

MOLIÈRE
• Le Misanthrope
• L'Avare
• Le Bourgeois
  gentilhomme

MONTAIGNE
• Essais

MORPURGO
• Le Roi Arthur

MUSSET
• Lorenzaccio

MUSSO
• Que serais-je
  sans toi ?

NOTHOMB
• Stupeur et
  Tremblements

ORWELL
• La Ferme
  des animaux
• 1984

PAGNOL
• La Gloire de
  mon père

PANCOL
• Les Yeux jaunes
  des crocodiles

PASCAL
• Pensées

PENNAC
• Au bonheur
  des ogres

POE
• La Chute de la
  maison Usher

PROUST
• Du côté de
  chez Swann

QUENEAU
• Zazie dans
  le métro

QUIGNARD
• Tous les matins
  du monde

RABELAIS
• Gargantua

RACINE
• Andromaque
• Britannicus
• Phèdre

ROUSSEAU
• Confessions

ROSTAND
• Cyrano de
  Bergerac

ROWLING
• Harry Potter à
  l'école des sor-
  ciers

SAINT-EXUPÉRY
• Le Petit Prince
• Vol de nuit

SARTRE
• Huis clos
• La Nausée
• Les Mouches

SCHLINK
• Le Liseur

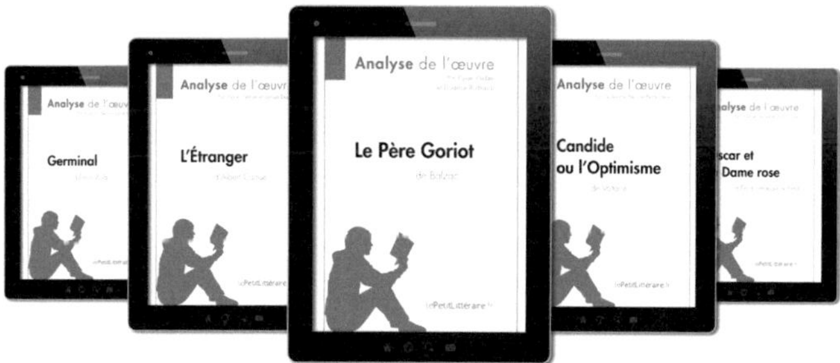

Analyse de l'œuvre
Germinal
Analyse de l'œuvre
L'Étranger
Analyse de l'œuvre
Le Père Goriot
de Balzac
Analyse de l'œuvre
Candide ou l'Optimisme
de Voltaire
Analyse de l'œuvre
Oscar et la Dame rose

www.lepetitlitteraire.fr

ISBN version numérique : 978-2-8062-4173-3
ISBN version papier : 978-2-8062-4174-0
Dépôt légal : D/2017/12603/570

Avec la collaboration de Florence Balthasar pour les encarts « Les lois de Jim Crow », « Le roman historique » et « Le Ku Klux Klan », l'étude du personnage d'Aibileen Clark, ainsi que pour les clés de lecture « Une peinture détaillée et minutieuse de la situation » et « Un roman engagé ».

Conception numérique : Primento,
le partenaire numérique des éditeurs.

Ce titre a été réalisé avec le soutien de la Fédération Wallonie-Bruxelles, Service général des Lettres et du Livre.